この地図はちいさい文字で
いろんなことが描いてあるので
虫めがねがいる

こころのコンパス
迷ったときに

みる
MIRU
中学生

いる
IRU
小学生

仙人
大人を見まわり
子どもたちを
見守る

地図

自分をたすけてくれるアイテム 2-3
ごはんを食べる 4-5
学校生活 持ちもの・イベント 攻略 6-7
学校生活 ピンチの時 攻略 8-9
家の中のことどこまで話す？ 10-11
家ぞくへのキモチはいろいろ 12-13
じぶん家観察 14-15
大人を見つける冒険① 16-17
大人を見つける冒険② 18-19
危険な大人をみわける 20-21
子ども時間を作る知恵と工夫 22-23
きょうだいのことでSOS 24-25
SOSを出す 26-27
SOSを出したらどうなるか 28-29
広い世界がまってるし 30-31
性もいろいろ 32
冒険してると迷子になるときがある 33
自分の体調を知る 34-35
こころと脳の不調 36-37
役所と相談できる電話や場所 38-39
ひみつの地図 40-45
登場人物 46
作者紹介 47

ガイド
友ウサ

友ドボ

周りに頼る大人がいない
子どもたちだけで
何とか毎日をくらしてる
MIRUと
IRUは
どこのまちにも
どこの学校にもいる
でも
だれにも見えない
MIRUとIRUは
生きるために
頼れる大人を
みつける冒険へ

家の大人
ネコの人

THE DOGS BARK BUT
THE CARAVAN GOES ON

冒険に行く前の じゅんび

自分を たすけてくれる アイテム

冒険へ 出かける前に 自分を守る アイテムをゲット

さいしょに 言うコトバを練習するべし

こまってる！ たすけて！

たすけてー こまってます

ん？どうした

大人は たいていスマホを もっている 大人にピンチを 伝える

ピンチ！のときは キンチョーをふりキルように 大きい声でさけぶ

ワーギャー

⑩ ⑩⓪円はいつも持っておく
・カバンにしのばせておく
・ゲーム機にテープで止めておく
・くつの中にしのばせる（中じきの下に入れる）

★ 公衆電話の使い方を手に入れる

お金がなくても「こうしゅうでんわ」から 110／119に電話できる
110番 けいさつ ／ 119番 消ぼう

① じゅわきを はずす
② ボタンを おす

ブーって音が したら
③ 110 か 119を おす
↓ つながる

ボタンのない電話機もある

① じゅわきを はずす
② 110か 119 おす
↓ つながる

・公衆電話 → ケイタイ
⑩円ではなせるのは
昼間 … 約10秒
夜 … 約15秒

・公衆電話 → 固定電話（家電(いえでん)）
⑩円ではなせるのは
8時〜23時 約1分
遠くにかけると短くなる

⑩円では ケイタイに かけてもすぐ 切れる
⑩円 ⑩円 ⑩円 たくさんいるから気をつけて

2019年 3月 現在

★ ⑩ ⑩⓪ しかお金は入れられない
① じゅわきをとる ② お金を入れる（ツーって音がする） ③ TEL番号をおす

学校生活
持ちもの・イベント 攻略

忘れものがタタい 宿題やプリントがそろわない。
子どもたちにもいろんな理由があります

知って下さい きいて下さい

工夫を探険。

家族の方へ
思いっ切って学校に伝えてみる
・体調が悪くて…プリントを全てよめません 大切なところに印をつけて下さい
・シンプルに伝えて下さい

👑 自分で準備
プリントをガン見
・いつまで？
・大人のサイン・ハンコは？
・お金のこと？
・自分で買いに行ける？

👑 カバン・ぞうきん・赤白帽・はんかち・文ぼう具
→ 100円ショップへ ゴー

👑 宿題
・家に帰ると宿題をするひまない そんな時は休み時間にやる 友だちに手伝ってもらう

👑 忘れ物 攻略
怒られる可能性ありだけど…
・学校に置いてかえる（引き出しなど）
・教室にこっそり忘れてり帰る
・引き出しなどにハンカチなど何枚か入れておく

👑 忘れ物
・友だちにかりる
教科書とかはちがうクラスに貸してくれる友だちがいればとっても助かる ← 見つけよう

👑 給食着・制服
アイロンを攻略
コツ アイロンはシャツや給食着 ハンカチ 乾く前にかける

◎ アイロンをかける時は目をはなさない
はなれる時はスイッチOFF
もちろんやけどには注意

アイロン台を使う
アイロンの前に手を置かない！
やけどしやすくなる

アイロン用のスプレーは便利 ドラッグストアで売ってる

だんだん上手になる 自分でできることが増えると便利・気もちいい

👑 しっかり者を見つけておく

宿題は○○だよ
○○は○○日にいるよ

自分のことは自分でやる ← 気楽だったりする

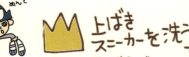

めんどー

👑 上ばきスニーカーを洗う

- 洗たく機で洗う しっかり脱水！
  - 脱水後 時間がない → ドライヤー 布団乾燥機でかわかす
- 絶対に間にあわない！時は 洗わない
  - 生がわきはくさい
  - ちょっと汚れてても OK

ゴミ袋を使って見えなく

👑 遠足などの お弁当

- コンビニで買う
- コンビニ弁当を知られたくない！ お弁当箱につめかえたら大丈夫

👑 体そう服のぜっけん
とりあえず 運動会とかどうしてもって時

○ その日1日をしのぐ

- 木工用ボンドで はりつける
  - → 洗たくしたら はがれる

おねがい
いいよー

得意な人に頼む

裁縫をマスター
さいほう

- 針と糸が使えれば ボタンだってつけられる
- 100円ショップへゴー
- 家庭科の成績も あがるしー

○ 自分の力で「できる」ところと どうにも自分では「できない」ことを 見分けていく 知恵が必要

あきらめることも 生きる工夫と知恵 ムズカシイけど……

やってみる　うん

学校生活ピンチの時攻略

めっちゃ頑張ってる…でもどうにもならない時はある

頑張ってるよ どんまい

あーあ 怒られるかな…

👑 元頁張っても準備できない 忘れもの…

忘れものにも子どもたちみんな理由があります

・友だち クラスメイトには笑ってやりすごしてみる （キャラ作りネタにしちゃう）

・こまって どうしょもないので 笑ってごまかすと

「笑う」がめっちゃ怒られる時も
自分のキャラと
相手のキャラを 知っておく

● 怒られた時をどうする？

・ひたすら時間が過ぎるのをまつ
・石になる（ガマン）
・あやまる（←とりあえず）わざとじゃないし
・気にしないように努力する（←だってどうにもできない）

👑 しんどい授業
○ 学校にはしんどい授業がある（山ほど）

・生まれたことにありがとう
・10才 親に感謝する手紙
・夏休みなど 家族で出かけた日記や絵をかく
・命の授業・ダメ絶対
・自分を大切に・将来の夢とか

👑 話してみる   ムズカシイー

ヤバッ ドキドキする

◎ この先生なら大丈夫？かなって人に

（例）
・「親の体調が悪くて 頼みにくくて……」
・「ちょっと家がバタバタしていて 忘れました……」
・「お金がかかることは…話しにくくて……」

etc

◎ しんどい授業やイベントは休むってあり。

全部事情を伝えるのはムズカシイ

話せるとこまでで○K
とりあえずのウソもありなんだけど そのウソを覚えておくのも大変
全部詰まずウソもないとサイコー
（おばあちゃんが3回死んだとかになってしまう）

ウソつくつもりない…の…

詰すと工夫と知恵が広がるかもしれない

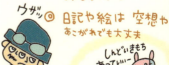

ウザッ しんどい イカ ツライ

日記や絵は 空想やあこがれでも大丈夫

しんどいきもち あってもいい 自分を責めないで下さい

フレーフレー自分

👑 行事やイベントに誰もこれない

誰もこなくてさびしい……
家の事情はいろいろ
みんな話さないだけ
ひとりじゃない

👑 小学校→中学校→高校
・新しく準備するものが山ほどある

　制服・体そう服・教科書
　◎購入する日　制服の予約 ← 自分用の制服を作る
　　決まっている
　　もらったプリントをガン見

学校が死にたくなる
くらいしんどい時は
行かない選択をする

行かないことは
逃げることじゃないし
弱くない
しんどい時にその場所から
避難する

生きるための
知恵

大人の力をかりる

○ しっかり者の
　友だちと一緒に行く
　だいたい親と一緒に来てる
　くっついてまわる

記入するプリントありますか〜
ペンでプリントにしるしをつける

👑 制服
・制服屋さんが背が伸びることを考えて
　選んでくれる → 大きいサイズになるけどいいの
◎サイズは制服屋さんにおまかせする

👑 体そう服
・とりあえずひとつ大きな
　サイズを選ぶ

👑 指定のクツ・うわばき
・いつものサイズを選ぶ
　大きかったら歩きにくい

👑 他にもカバンとか
　くつしたとか山ほどある
◎いちどでそろわない → みんなあるある
・後で買い足せるように
　行く学校の制服屋の場所を
　きいておく → 自転車で買いに行ける
　　　　　　　場所にある

・日程をみる　・時間
・お金がいること　・説明会
・提出するプリント
・制服や教科書をとりに行く日

◎ジャンル別に

プリントをわける
↓
カレンダーに書く

⭐ 公立中学校では
　制服のレンタル（無料）
　があるところも
　間にあわなかったらレンタルする

大変…
つかれた…

大変すぎるけど
何とかなると自分を
信じる

よく頑張った自分に
100てんをあげる

自分のことを守るためのウソはついていい

大人だって言えない

だいじょうぶ

仲がいいけど言えない

★ 言わないをえらんでも○K

自分のこころは自分のもの

いつも仲良い友だちに家のこと悩み困ってることを話さないって友だちを裏切ってるわけじゃないから安心して欲しいです

話せない自分はダメ……

「大丈夫」はお守りコトバ

だれかがイヤな事を言ってくることはある

👑 全部気にする必要はない

みんなの気持ち・話せない理由を知らないでいろんな人が声をかけてくる

兄・いとコトバ……

・障がいがある人が家にいると優しい大人になるよ
・病気のきょうだいがいるから あなたがしっかり支えてね
・人の役に立つ大人に育つよ ・良い子ね
・人の気持ちがわかる大人になれるよ　etc

👑 すごい悲しい言葉をかけられる時がある

・スルーする ・その場をはなれる
・悲しいと伝えてみる
・心が折れないおまじないをする

動け ココロのコンパス

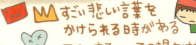
自分は自分で大丈夫

おまじない特集
・石になりきる
・好きなものに変身する(空想)
・好きな時間へ旅にでる
・ヒミツの文字を作る
・石をポケットに

👑 いろんな気持ちになっていい！

ちがうよ

家ぞくは家ぞく あなたはあなた ちがうよ
◎いつもガマンしなくていいよ
人生の主役は君だよ
自分の好きな生き方をする

「病気」「障がい」「大人の事情」「ケンカ」etc…
子どもたちのせいじゃない
たまたまが重なったってこと
だれのせいでもない

良い子じゃないのに……

どこかに行くだけが冒険じゃない
自分の"スキ"を見つける冒険へ

自分が自分であるために

コワイ・ドキドキするきもちは
自分のことを守るアンテナ

♛ コワイ予感がするとき
まずは その場所から はなれて

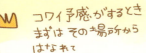
自分を信じる
ドキドキ

110番

♛ その場からはなれたら
「SOS」を出す
110,
119

たすけて
こまってます
コワイ…

たすけを呼んだり
その場からはなれる・逃げることは
自分と家ぞくの
両方を守る

● けいさつは
お父さんやお母さんを守ってくれたり
相談にのってくれます
こころの病気で具合が悪いときには
タイホ(つかまる)わけじゃないよ

自分を信じて大丈夫

ピンチを探険

コワイときって
どんな時?
前ぶれ?
時間帯?

たとえば
ケンカのあと・お酒・ギャンブルからの
帰り
・天気が悪い
・誰かがきた ・夕方 ・朝   etc

コワクない
元気な時はいつ?

たとえば
・ごはんを食べている ・体調・天気
・誰かとはなしをしている 季節   etc

ゆっくり
話せてないな
話したいな

元気な日に話をしてみる
学校のこと 友だち、イベント…
自分のきもちも伝えられるといいな
家の人も みんなと話したいって
考えているかもよ。

何を
はなそうかなー

★ 子どもが子どもで あるための書

- 生きていくのは簡単じゃない 頑張りは本当にかっこいい しかし残念なことに 子どもだけでは どうにもならないことがある
- 生きるために 大人の役割を「手放す」つまり 「あきらめる力」がいる 大人のことは大人にやってもらう
- 生きることが困った時 「SOS」「助けて」「こまってる…」を 言う力と知恵を授ける 大人の脳を頼れ…

◎ 大人も いろいろいる

コワイし ムズカシイ でも 話せる 大人を 見つけに行く

○ 話しやすい大人は みんなちがう（相性(あいしょう)）がある 子どもだからって誰とでも仲良 そんなことはない

完ぺキな大人は 存在しない

👑 ひとりの大人だけで 困っていることを全部 解決することはムリ 大人も大人を たよって生きている

いろんな場所にいる 大人の生息地

学校
- 先生は担任だけじゃない
- 保健室の先生
- スクールカウンセラー
- スクールソーシャルワーカー
- 相談室
- 事務の人
- クラブの先生
- 用務さん
- 校長室
- 職員室（いろんな先生がいる）
  そーっとのぞいてみる

警さつ署　役所

図書館
学童　放課後クラブ
塾や習い事コーチ　先生
保育園
児童館　学習サポート

子ども食堂　ごはんを食べに行く場所

仕事先　スーパー
　　　　コンビニ
寺　　ショッピングモール
教会　商店街

じーちゃん ばーちゃん
友だちの家
親せき
近所の家

病院　駅
交番　消防署
保健所　保健センター
精神保健福祉センター
児童相談所
生活支援センター
etc

家の大人にきいておく
お父さん お母さん 家の大人
相談している場所・人
病院 etc
→ 子どもたちに伝える

家の事情を知っている場所・人
（病気・障がい とか）
そういう場所は話しやすいかもよ

👑 大人がいる場所はたくさんある
世界中にいろんな楽しい大人は生息している
でも 子どもの動ける世界はめっちゃ小さい
だからしんどい。小さい世界の中にも大人はいる
話せる大人も生息している 生き抜くために見つけろ
ピンチの時に力になってくれる

ひとり目の大人と気持ちが通じない
大人でもあるあるです
あきらめんといて！4人、5人目まで
がんばってー

うまく伝わらない
イヤだー

ひみつにする必要ないなー

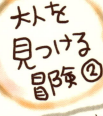

危険な大人をみわける

しんどい時 このページを 開いて下さい 自分の命を守るために

残念だけれど 子どもをねらう 悪い大人がいます
連れ去る・レイプ・殺す・売る etc. そんなことが

自分の命を守る

きもちがとってもしんどいと家に帰りたくなくなる
そんなきもちの時は 危険を教えてくれる アンテナの力が弱まる

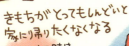
家はイヤ 学校もキツイ どうなってもいい
心配してくれる人なんかいない
もーどうでもいいや

しんどい子どもを 探してねらう大人がいる

危険な大人のサイン

危険な大人
外で急にやさしく声をかけてくる
かわいいね ごはん食べる？ 泊めてあげる

SNSでねらう大人は 年れいにウソを書きます

- 知らない大人が「家に泊まっていい」絶対にアウト
- ★ 子どものことを大切に考えてくれる大人は「泊まっていい」なんて言わない → 安全な場所を一緒に探します

- 「車でいいところに連れていってあげる」のコトバ アウト！
  はじめてあう大人・知らない大人が 子どもを車に乗せようとするのは ヤバイヤバイ
- ★ 知らない・はじめて会う大人の車には乗らない！

知らない大人が やさしいコトバをかけてきたら ヤバイサイン
かなり用心 やさしすぎる・オイシイ話すぎる
ヤバイッ 感じたら近寄らない
NO

車に乗ってしまったら… ヤバイに気がついて逃げろ！

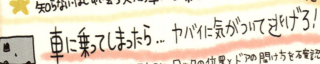

- ドアをいつでも開けられるように ロックの位置とドアの開け方を確認 → ドアの近くに座る
  信号で車が止まったら ドアを開けて とび出す

- 「おしっこしたい」「おなかペコペコ」かわいく言ってコンビニに寄る作戦 → コンビニで止まれたら 店員さんに「助けて」を言う

- ポケットにケイタイを入れる
  こっそり110番を押し 通話のままにして 車の中の会話で 自分のピンチを知らせ

気がつかれないように 「ねえどこに行くの？」「知らない子どもを車に乗せてくれるなんて優しいね」
かわいい子ぶろう 「あっ、〇〇だ」 目印になる建てもの、道路にある標識を言う 「あっ、〇〇って書いてる 〇〇に行くの？」
「あっ、自分は〇〇って名前 〇〇って呼んで」

自分のからだは自分のもの

 結界をはる NO

← 大人が100％悪い

自分のからだ・性は
きもちにつながっている
自分のこころを守るための
知識と知恵

● プライベートゾーンのルール
水着でかくれる場所
くちびる (キスするとこ3)
勝手にさわられたり
さわったりしない
見せられたり見せる必要も
絶対ない
写真をとられたり、とったりしない

お金あげる
ヒミツだよ
だれかに言うと
もっとコワイことするぞ！

危険な大人
プライベートゾーンのルールを
守れない大人がいる

家の中・知ってる大人
信じている大人…
その中にも子どもの
プライベートゾーンを
大切にしてくれない人がいる

たくさんの大人で全力で守ります

 を出す
プライベートゾーンを
傷つけられたら
大人に伝えて下さい
みんなを守るため
大人が協力しあいます

よごれた… 言えない
わからない
どうしよう…

近よるなっ！
…警さつ…
…児童相談所…
チームを組んでみんなの安全を守る

モデルになる？
かわいいねー

毎日たくさんの子どもが傷つけられている

－NG－

プライベートゾーン
好きな人・恋人・友だち でも
自分のこころが「イヤ」って思ったら
「やめて」「イヤ」を
伝えてみる

リベンジポルノ

SNSにアップ
された…
自分では消せない

写真・動画
とらない とらせない
SNSにアップしない

写真をとった
相手のケイタイの中に
ずっとある

消した
ウソ
です

ネットに
流れた 写真や
動画は 世界中の人がみる

わかって
もらえない時
ひとりで
悩まずに
相談をして下さい

「リベンジポルノ」で
検さくすると
助けてくれる相談先
が出てくる

透明バリアはいろんな場所にある **透明バリア** が弱くなると自分を守る
↳ 境界線とよばれている　アンテナ も弱くなる

持ち物

ケイタイ
ゲーム
カバン
マンガ
etc

自分の持ち物は自分のもの
人のものを勝手に使ったり
使われたりしない
ケイタイの中、カバンの中を
みたり みられたりしない

他の人が
自分のからだに近づく
キョリは自分で決めていい

時間・空間

自分で
決めていい

やめとくー
やりたいことをする

からだ

なぐったり
なぐられたりしない
さわったり
さわられたりしない

からだ
小生は自分のため
プライベートゾーン

NO

行動

「〇〇行こうぜー」
「〇〇やれ!」
ことわる

責任
自分のことに
責任をもつ
全部できない..
他の人の責任を
かかえなくてい
大人のことは
大人にまかせる

大切にしていること

信じていること
夢・好きなこと
否定
きもち
考え方

家のなかが
おちつかないと
家の中でも
透明バリアが
やぶられる

生きるための結界師になる

透明バリアを
強く意識すると
バリアの力は
強くなる

子どもが子どもでいるための
子ども時間をとり戻せ

頼ってみる
大人のことは
大人に
してもらう
「できないよ」を
伝える
自分が大切にしていることに
自信をもつ

大人の力を使う

I'm OK

休む
遊ぶ
自分のスキな
時間を
見つける
安心できる
ひみつ基地に行く
はなしてみる
ひなんする

きょうだいの様子が 何かいつもとちがうはSOS

家の救急セット / 体温計 / カットばん
とりあえずこの2つはいつもあるようにしておく

大人の連絡先 / 近所の大人 / いつも行く病院 / ドキドキ

夜や土曜日・日曜日・祝日は病院が休みなことがおおい
相談できるTEL

こども医療でんわ相談

シャープ **#8000**

★ 自分が住んでいる市・町は何時から電話相談がはじまるか確認しておいて下さい

自分の体調が何かおかしいも相談して

"おかしい"を信じて迷わず119にTELする

いつもとちがう 自分の感覚を信じて119 SOS 救急車をよんで!

- 声をかけても起きない
- 顔色がわるい
- 息が苦しい
- ヒューヒュー音がする
- 手や足の色がわるい
- 38度以上の熱
- ぐったりしている
- 頭を強くぶつけた
- けいれん
- やけど
- とても痛がる
- 変なものを食べた
- 食べても吐くげりしている
- じんましんぶつぶつができてる

おちついて!まずはきゅうです
名前と住所を言う
TELできかれたことを答えていく
弟や妹を観察しながらTELして救急車がくるまで弟や妹からはなれない

こんな時にはSOS

自分のこと 家ぞくのこと

- ☐ ごはんがない
- ☐ 電気が止められた
- ☐ 学校の準備ができない
- ☐ 家族が暴れる
- ☐ 暴力をふるわれる
- ☐ 親が帰ってない
- ☐ 親の様子が前とちがう
- ☐ 親がお酒を飲むと大変なことになる
- ☐ 病院に行ってほしい
- ☐ 弟や妹が心配で学校に行けない
- ☐ 親が日本語ができない 話をするのがムズかしい
- ☐ 学校に行くのがコワイ
- ☐ 家に帰るのがしんどい
- ☐ いじめられている
- ☐ 自分を傷つけてしまう
- ☐ 悪口を言われているかも
- ☐ レイプされた
- ☐ 病院に行かせてくれない
- ☐ 親のパートナーとうまくいかなくて家に居場所がない
- ☐ 親のグチをきくのがしんどい
- ☐ よくわからないけど体調が悪い
- ☐ すぐイライラする
- ☐ 家族が宗教にたくさんお金を使う
- ☐ 親の病気のことを知りたい
- ☐ 家にお金があるか心配
- ☐
- ☐

相談するって大人も苦手だったりする
「SOS」を出すのはとってもムズカシイ

もうムリ…しんどい…
そのきもちは
がんばり屋の証拠(しょうこ)
SOSは弱くないから―

たとえば…
もう消えたい、楽しかったことが楽しくない
人に会いたくない… etc ← すごくつかれている
サイン
↓
自分のことをいちばんにする日を作る

★ 子ども時間を
手に入れる

◎ お願い
ホンマにムリになる前にしんどいこと
大人にわたして下さい

大人ができることがあります

しんどいこと
困りごとが
少しでも小さくなるように
一緒に考えます
困りごと別に考えて
どんなことがサポートになるか
整理し得意分野の窓口を
十探します
しっかり話をききます

話しやすい大人に
話せることから

…話しやすい大人…

SOSを出したらどうなるか

信頼できる大人…
話をしたらどうしてくれるん？

相談したらの例

生活 衣・食・住

- 生活
  おなかがいつもぺっこぺこにならないように毎日ごはんが食べられるように考えます
  ごはんの準備を家の人ができるようなサポート、サービスなどを探します
  子どもがひとりでごはんを食べる場所を見つけます

- 家の中が散らかりすぎ
  片付かない理由を一緒に考えます
  安心して生活できる家になるように、サービスを考えたり、わかりやすい家族の中のルール作りを考えます

保険証がない

- 保険証がないので病院に行けない
  保険証の発行手続き（役所）をサポート
  保険証がない理由を考えて、いつでも病院に行けるようにします

- お金が心配で病院に行けない、制度やサービスなど生活がしやすくなる方法を探しサポートします

【家ぞくの病気 障がい 症状のこと】
- 知りたいこと 心配事 不安を しっかりと話をききながら整理します
- 例えば「いつもと何かちがう」と感じる 中身を 時間の流れでまとめながら ききます
  緊急の場合は他の大人とチームで 考え 安心と安全を作ります
- 情報を探す。家族全員に サポーターがつくように考えます

【暴力がある】
- いちばんに子どもの安全を考えて 動きます。命を守ります。
  暴力が起こる理由を専もん家の人と チームで考えていきます

【安全 安心を守るチーム】

【進路 勉強】
- お金のことで進学を迷っている
  お金のかからない学校
  奨学金(しょうがくきん)制度 使える制度を全て考えます

- 進みたい学校に行けるように
  学習のサポートを考えます
  どんな学校があるか一緒に調べます

広い世界がまってるし

小学生→中学生→
自分のキャラ変のチャンス

高校もいろいろある
公立・私立・高専・フリースクール
定時制・通信・単位制
高等学校卒業認定試験
寮のある学校
資格がとれる学校
工業・農業・看護 など
水産…

中学校

小学校

高校生くらいになると
中学生のしんどい
人間関係が
楽になることも多い！

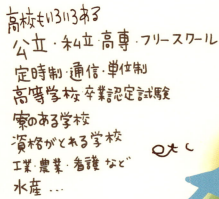

凸高校

学区が
関係なくなり
ドーンと
新しい世界

小さな学区のせまい
エリア

学区が少し広がる

新しい人間関係

中学校でくじけずに
とりあえず成績は「3」を目指す
進学先が広がる

中学校を卒業→アルバイトができる

16さい バイクの免許
18さい 車の免許
↑
身分証にとっても
便利

原付ならテストだけ
1日でとれるし 1万円以下

行きたい学校に行けると
高校生活もちょっと
がんばれる
ふんばって！

働く
職人系　農業
大工　庭師
料理　庭
師
弟子入り etc
衛隊？
(がある。正社員で給料が)
家を出る
選択

旅に出てみる

大学　仕事
大学院　海外へ行く
専門学校　留学
資格　短大

アルバイト
仕事
新しい人と出会う

自分の居場所
好きに夢中になる　恋 etc
自分を探す新しい冒険
映画　写真　音楽　スポーツ
アニメ　本　動画　ゲーム
バンド……etc

ドーンと
世界が広がり
新しいいろんな人と出会えます

● 夜の仕事・バイトは
　時給が高い
　時給が高い仕事は
　危険も多いから気をつける
　High-risk, high-return

★ 親は親
　子どもは子ども
　子どもの人生は子どもが決める
　生きていい　夢みていい

いろんな人がいる　いろんな家族の
カタチがある

自分のことを気にかける
ムズカシイ けど 大切

頭痛（ずつう）	めまい	息（いき）がくるしい	むねがいたい

目がかゆい	耳がいたい	どうき	はき気

はな水がでる	せきがでる	お腹（なか）がいたい	げり
のどがいたい	歯（は）がいたい	べんぴ	血尿（けつにょう）

花粉症（かふんしょう）	食物アレルギー	ぢ のなやみ	生理不順（せいり ふじゅん） 性機能障害（せいきのう しょうがい）

なんか....からだがしんどぃ
がマンせずに
病院へ行ってみよー

熱をはかってみて
いつからしんどぃ？

病院に行くとき
必要なもの
・保険証
・お金
とりあえずある
お金を持って行く

肩こり(かた)

腰痛(ようつう)

食べられない

眠れない(ねむ)

きんにく痛(つう)

かんせつ痛(つう)

起きられない

だるい

しびれ

発熱(はつねつ)

かゆい

じんましん

さむ気

あつい

できものが
できた

ケガした

汗がでる・発汗(はっかん)

たちくらみ

いたいところ
がある

不調(ふちょう)
いつもとちがう

↑体調ポスターは
日本語の他に
いろんなコトバで作っています

子ども情報ステーション
のページの
ダウンロードに
あります

こころと脳の不調
だれにでも不調は起こる

生きる知恵と工夫
SOSをうまく出す

とても精密なパソコンがあるイメージ
脳の不調はパソコンがぐずっ
イメージしてみて

脳の中は100億をこえる神経細胞のムニムニ集

脳のはたらき
① 情報を認識する
② 考える・判断する
③ 感情や意欲（きもち）
④ 行動をコントロール
⑤ からだの機能のコントロール

脳の不調はいろいろなカタチで出てくる

○ やる気が起きない

○ 食べられない

○ 眠れない日が続く

○ 自分を傷つけたくなる

○ 起きられない

○ きもちをうまくコントロールできない

○イライラする

○同じ考えが頭から
はなれない

○くり返し
手洗いをする

○こわかったことを
何回もおもい出す

○悪口を言われている
気がする

○人の視線が
気になる

○お酒・クスリ……
やめたいのにやめられない

○オンラインゲームが
やめられない

○考えがまとまらない

こころの不調・脳の不調は
心の弱さとか気合とか
　　根性とか
　　関係ありません

・どんどんしんどくなる
・2週間以上続いていたり、生活に影響がある
　→ 病気のときもあるから早めにSOS

ひとりでなやまずに
相談をしてください
しんどいことが小さくなるように
いっしょに考えたり　専門の相談先を
　　　　　　　　　考えます

学校の中で
相談できる場所
保健室
相談室

くわしくは
「子ども情報ステーション」へ

役所とは？

住んでいるところに必ずある、市役所や区役所、町役場、村役場。
いろんなサービスの窓口になっていたり、無料で相談ができる。
家族の体調のこと、生活のことなどの相談ができる場所がある
→ 名前が「子ども支援課」「家庭支援課」「保健福祉課」などいろいろ。
秘密を守るルールがある（守秘義務）。
正面入り口から入ると案内の人がいることが多い。

体調やこころの相談ができるところ？

住んでいる地域に必ずある。相談は無料、守秘義務がある。
地域によって名前がちがうことがある。

保健センター
からだとこころの相談ができる身近な場所。市や町や村にもある。
自転車で行けるくらいのところにあることが多い。

保健所
からだとこころの相談ができる場所。
「精神保健［せいしんほけん］←こころの健康のこと」の担当がいる。
県に何カ所かある。大きめの都市にある。

精神保健福祉センター
こころの相談ができる場所。県に一カ所ある。政令指定都市という大きな市にもある。
名前が「こころの健康センター」などのことがある。

 子どもが相談できる
電話や場所の情報

※このページの情報は、2019年3月現在のものです

下見に行くケ〜

役所

自然災害の時の ひなん場所も 確認しておいて

地しん 大雨 など

役所へ行って くらしている場所の地図をGET その地図にはひなん場所が書いてある

全国妊娠SOSネットワーク

思いがけない妊娠に。全国のにんしんSOS相談窓口の情報。悩み別の情報など。
（一般社団法人全国妊娠SOSネットワーク（全妊ネット））

デートDV110番

恋人同士の間で起きる暴力のことを「デートDV」といいます。デートDVのことなら、どんなことでも相談できる電話相談です。チェックリストも。

HIVマップ

HIV/エイズの総合情報サイト。ゲイ・バイセクシュアル男性をはじめ、全ての人にすぐに役立つ予防・検査・相談・支援の窓口や基礎知識など。

ドラッグOKトーク

『モットーは「警察に通報しない」「やめろといわない」「お説教しない」どんなことでもOK！』
（NPO法人アパリのプロジェクト「ヘルス＆ハームリダクション東京」）

学校からもらう相談できる場所の他にもいろいろな相談できるTELや場所がある

生きている理由?
意味? そんなこと かんたんに わからない
とりあえず 今日を生きる……

THE

死ぬまでにやりたいことリストを作る
100のやりたいことリスト

自分が自分でいるために

生きていい。夢みていい。

DOGS BARK BUT THE CARAVAN GOES ON

外野のキモチなんか気にすんな 自分の信じた道を進めのススメ

生きることは
ときにはムズカシイ…. それでも なんとか10代を生きぬいて….
生きていて欲しいのです。どこかに行くだけが冒険じゃない
自分のスキを見つける冒険へ
冒険へのトビラはいつでも ひらいている

自信なんかなくていい
きょう時間は生きる力を手に入れる

キスをキスを 韓非韓

"泣かないの"なんて言わないで なみだに自由を

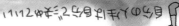

生きているといろいろあるけど 今日はきっと大丈夫

不公平で理不尽な世界は
いろいろなことを教えてくれる
怒りや悲しみは
生きる工夫と知恵に
生まれた環境や過去はかえられない
未来は
自分で決める

こわい夜があっても かならず
　　　　　朝がくる

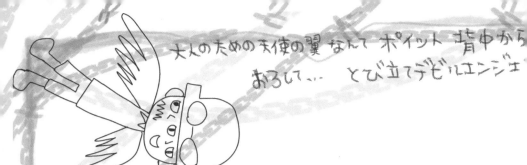

大人のための天使の翼なんてポイッ 背中から
おろして… とび立てデビルエンジェ

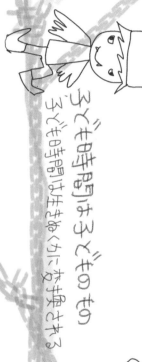

こども時間はこどもの もの
こどもの時間は 生きものに交換される

大人のこと
好きにならないと
ダメ？

ムリに
大人のことを
好きになる
必要なんてない
きっと 安心できる人に 出会える

迷ったときに生きる冒険地図が出会ったことがないみんなのお守りに

出会ったことがないMIRUとIRUさんへ

この地図をひらいてくれてありがとう

この地図は必要なときに必要なページを使ってください

どんな使い方をしてもいい自由な地図です

大人になってから 気がついたことは 世界は広くて

いろんな人がいて 大丈夫 ということです。

なんとか しんどい 10代を生きぬいてください

大人のことを信頼できなくても、

大人の脳みそをうまく使ってください。

差別や偏見が今よりもっともっと ちいさくなるように

大人、がんばります。

生きる冒険地図
文と絵　細尾ちあき
ふだんは チアキで 仕事しています

看護師として仕事を
していく中で
いろんな背景・いろんな事情の中
がんばって生活をしている
子どもたちとたくさん
出会いました。
全部は解決できないけど
ちょっと楽しい時間を作るために
毎日の生活の知恵と工夫を
考えたことを
この地図にたくしました

作者紹介

実は
看護師
関西人

チアキ

子どもの頃は
わが家もドタバタ
してました

ぷるすあるはって？

この本の文と絵を担当しているチアキと
いろんな大人がチームをつくって、
精神疾患のことや、子どもたちの応援に
ついて、ウェブサイトで情報発信をしたり
本を作ったりしています。

youtube　ふ)ぷるすあるは　けんさく

←このアイコンが目印

子ども情報ステーション by ぷるすあるは

こころのビョーキって？
親や家族がビョーキかも…
自分のココロ・カラダのこと…
言うのがしんどい・話にくいこと…

読者の声を
お寄せください

プルスアルハ
NPO法人ぷるすあるは

精神科の看護師、細尾ちあき（すべてのイラストを担当）と医師、北野陽子を中心としたプロジェクトチームで、心理教育ツールの作成と普及に取り組んでいる。著書に「家族のこころの病気を子どもに伝える絵本」①-④「子どもの気持ちを知る絵本」①-③『こころにケガをしたら─トラウマってなんだろう？』（いずれも、ゆまに書房）、『気づく・えらぶ・伝える　こころとからだコンディションカード』（合同出版）ほか。
2015年に NPO 法人設立。精神障がいをかかえた親と家族、その子どものための情報 & 応援サイト「子ども情報ステーション」を運営。
2022年第 2 回やなせたかし文化賞大賞受賞。

生きる冒険地図

2019年 6 月 8 日　初版第 1 刷発行
2024年12月 1 日　初版第10刷発行

著	プルスアルハ
文と絵	細尾 ちあき
編集	NPO法人ぷるすあるは
装丁	木村 百合子
発行者	杉本 哲也
発行所	株式会社学苑社 東京都千代田区富士見2-10-2 電話　03-3263-3817 FAX　03-3263-2410
印刷・製本	新日本印刷株式会社

©pulusualuha 2019 printed in Japan

検印省略　　乱丁落丁はお取り替えします。
　　　　　　定価はカバーに表示してあります。
　　　　　　ISBN978-4-7614-0806-0 C0036